N. Ponce Sculp

ÉLOGE

FUNÈBRE

DE Mr. L. C. V. TRINCANO,

ECUYER, Avocat en Parlement, Docteur agrégé de la Faculté de Droit de Paris, ancien Commis au Bureau de l'Artillerie, Professeur de Mathématiques, en survivance, des Chevaux-légers de la Garde, & des Pages de la Chambre du Roi, Pensionnaire de SA MAJESTÉ, *Membre de plusieurs Académies, & Secrétaire du Musée de Paris;*

PRONONCÉ en la R.·. L.·. des NEUF-SOEURS à ***, le 15 Février 1786.

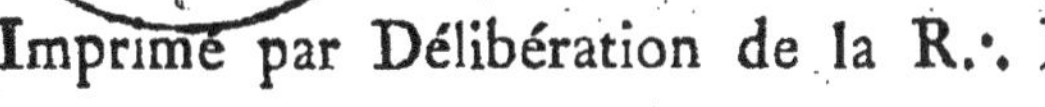
Imprimé par Délibération de la R.·. L.·.

M. DCC. LXXXVI.

A MESSIEURS
DU MUSÉE DE PARIS.

MESSIEURS,

VOUS avez senti vivement la perte de l'estimable Confrère dont j'ose vous présenter l'Eloge. Vos Mémoires enrichis de ses ouvrages, les fonctions dont vous l'avez chargé, la place qu'il occupoit parmi vous, offerte à son respectable Père, annoncent combien son ame, son nom, ses talens vous furent précieux ;

j'ai donc lieu d'espérer que vous ne dédaignerez pas ce foible monument, élevé à sa gloire, & que le choix du sujet méritera votre indulgence pour les défauts de l'exécution.

De tous les avantages que je tiens de l'amitié de feu M. TRINCANO*, celui qui m'est le plus cher, est l'honneur de vous appartenir; c'est celui de voir mon nom placé parmi tant de noms illustrés par les arts, la littérature, l'érudition & les sciences. A peine connu par un premier essai, éloigné des grands modèles & des objets d'émulation, placé dans une position, & chargé de soins peu favorables à la culture de l'esprit, je n'ai dû vos suffrages qu'à votre estime pour celui qui les sollicita: le titre de son ami me* *tint lieu de tous les autres, & fit couronner le simple amour des talens, du prix le plus flatteur du travail & du génie.*

J'aurois voulu, j'aurois dû même, s'il eût été possible, rendre au milieu de vous, à la mémoire de mon ami, le tribut de sentiment que je me permets de vous offrir. Une autre Société m'a donné, dans le lieu que j'habite, l'occasion de satisfaire à ce devoir si triste & cependant si cher à mon cœur. Mais cette Société a reconnu vos droits, & m'autorise à vous faire hommage du travail entrepris pour elle. Heureux si les dons présentés à la sainte amitié, dans son temple même, peuvent être accueillis dans celui du goût & des arts, si les expressions de la douleur, si la vérité du sentiment peuvent y tenir lieu des charmes du ſtyle & de la grandeur des penſées.

Je ſuis, avec reſpect, dévouement & reconnoiſſance,

MESSIEURS,

Votre très-humble & très-obéiſſant Serviteur,

BICQUILLEY.

ÉLOGE FUNÈBRE

DE M. L. C. V. TRINCANO,

Ecuyer, Avocat en Parlement, Docteur agrégé de la Faculté de Droit de Paris, ancien Commis au Bureau de l'Artillerie, Professeur de Mathématiques, en survivance, des Chevaux-légers de la Garde & des Pages de la Chambre du Roi, Pensionnaire de Sa Majesté, Membre de plusieurs Académies, & du Musée de Paris.

DANS les beaux jours de la Grèce & de Rome, les honneurs publics étoient rarement décernés & n'en devenoient que plus précieux. Ils perdirent de leur prix en devenant plus communs, & cessèrent de flatter le mérite en cessant d'en être la marque diſtinctive. J'aime mieux, diſoit Caton, qu'on demande pourquoi Caton n'a point de ſtatues, que ſi l'on demandoit pourquoi des ſtatues à Caton. En effet, l'opinion publique, ſouverain juge de la gloire, doit conſoler le grand homme des erreurs & de la partialité de l'homme en place qui s'eſt arrogé le droit de la diſtribuer : les récompenſes honorables, décernées ſans choix, s'aviliſſent & s'éloignent de leur objet, en perdant le pouvoir d'élever l'ame aux nobles efforts de la vertu.

L'Eloge public ne peut être diſpenſé avec trop de circonſpection : mais doit-il être excluſivement réſervé à ces perſonnages illuſtres, que des actions d'éclat ont ſéparé du reſte des hommes par un intervalle immenſe ? Toutes les portes du temple de la gloire ſont-elles placées au plus haut degré, & l'entrée en eſt-elle interdite à quiconque n'a pu s'élever juſqu'au faîte ? Non, MM., cette opinion ſeroit auſſi dangereuſe, plus injuſte peut-être que l'excès contraire. Si la Société peut être considérée comme une vaste machine, dont la bonté dépend principalement des ressorts premiers qui impriment le mouvement à tout le système, chaque pièce particulière a son influence sur le méchanisme général, dont elle peut favoriser ou contrarier plus ou moins les effets. Ainsi, le caractère, les mœurs, la conduite de chaque Citoyen importent à l'ordre public, au bonheur commun : le premier vœu d'une législation sage est de former les cœurs pour ce grand objet ; son premier soin, d'effrayer les vices par la crainte de l'infamie, d'encourager la vertu par l'espoir des récompenses & l'éclat des titres d'honneur ; un de ses plus utiles établissemens seroit celui d'une école de morale, où les qualités, les actions louables des Citoyens de tous les ordres seroient consignées dans les éloges publics, & dans laquelle seroient développés les moyens qui les ont conduits à la gloire, ou rendus précieux à la patrie.

C'eſt d'après ces conſidérations, que la plupart des RR.·. LL.·. Régulières ſe ſont fait une loi d'honorer, par les tendres expreſſions de l'amitié, de l'eſtime & du regret, la mémoire du Maçon que la mort a ſéparé de ſes Frères : c'eſt pour la gloire & les progrès de la vertu, qu'elles invitent le génie à parer la tombe de l'homme vertueux des brillantes fleurs de l'éloquence. Vous avez conſacré cette loi par votre Réglement : c'eſt pour obéir à vos ordres & remplir vos vues de tout mon pouvoir, que j'oſe aujourd'hui me rendre l'interprète & l'organe des ſentimens que nous devons tous à la mémoire du T.·. C.·. F.·. TRINCANO, que vous aviez choiſi pour votre Député au G.·. O.·. de France, & dont le zèle & les ſuccès ont toujours juſtifié pleinement votre confiance dans les différentes affaires dont vous l'avez chargé.

Je viens vous préſenter l'éloge d'un Frère qui vous eſt perſonnellement inconnu; ma tâche en eſt d'autant plus difficile à remplir. Si le F.·. TRINCANO eût vécu dans votre Société, vous auriez conçu pour lui l'attachement & l'eſtime que ſes vertus, ſes qualités aimables ont inſpiré à tout ce qui l'approchoit : & je n'aurois aujourd'hui que le facile emploi de réveiller dans vos cœurs les ſentimens que j'y veux faire naître. Quoique privé de cet avantage, j'entrerai ſans crainte dans la carrière, moins raſſuré par mes propres forces que par votre indulgence, votre ſenſibilité, votre amour pour la ſageſſe & les talens.

PREMIÈRE PARTIE.

NOUS devons la naiſſance au haſard. La juſtice & la raiſon veulent qu'un homme ne ſoit louable ou repréhenſible que par ce qui dépendit de ſa volonté. Je ne ferai donc point un ſujet d'éloges au F.·. TRINCANO, d'être né d'un père & d'une mère nobles, d'être iſſu d'une ancienne famille qui tint un rang diſtingué parmi la Nobleſſe du Milanez. Cependant, ſi cet avantage de convention n'eſt point un vrai titre d'honneur aux yeux de la Sagesse, elle doit tenir compte à celui qui le possède, de l'abus qu'il n'en fait point ; elle doit lui savoir gré de s'être fait un mérite qui lui soit propre, & de s'être élevé au-dessus des préjugés de la classe à laquelle il appartient ; elle doit considérer avec complaisance une famille noble, confinée au sein de la Suisse, y borner longtemps son ambition à la qualité modeste de Citoyen, & préférer l'égalité républicaine aux distinctions serviles des monarchies.

Tandis que les vices & l'oppression changent en déserts de vastes provinces & des régions comblées des faveurs de la nature, la sagesse & les loix font, des stériles montagnes de la Suisse, la pépinière des nations. Un peuple innombrable, forcé de franchir les limites resserrées de cette patrie, qui ne peut le contenir, va se répandre au loin, par une émigration continuelle, dans les diverses contrées de l'Europe. Accueilli parmi nous, le sage Helvétien remplit nos atteliers & nos armées, il anime notre industrie, cultive avec succès les connoissances utiles, & fut souvent couronné des lauriers du Génie. Le père du jeune TRINCANO & deux de ses oncles vinrent s'établir en France. Tous trois s'y distinguèrent dans des carrières différentes; l'aîné dans les sciences, le second dans les fonctions ecclésiastiques, le dernier dans la profession des armes : tous trois unis par les liens d'une tendre amitié, tous trois estimés par la bonté, la franchise & la simplicité des mœurs Helvétiques. S'ils considérèrent la Noblesse comme une portion utile de leur patrimoine, ils étoient loin d'y voir un titre dont l'orgueil ait lieu de s'applaudir. Ils n'ignoroient pas que les honneurs, les places éminentes, appartiennent, par un droit imprescriptible, au Citoyen qui s'en est rendu le plus digne. Leurs cœurs désavouoient cet inique & décourageant systême, introduit par la conquête, perpétué par l'ignorance, & trop souvent étayé des sophismes de l'intérêt & de l'adulation : ce ſyſtême par lequel les ſalaires précieux de la vertu ne ſont plus que la propriété héréditaire de quelques familles; cette funeſte aliénation dont l'effet eſt de dégrader les occupations, les devoirs & juſqu'au nom de Citoyen ; de diſpenſer l'homme revêtu de dignités, du mérite qui peut les rendre utiles, & du travail pour lequel elles furent inſtituées ; de diviſer ce qu'avoient uni la politique & la nature, en ſemant les levains de la diſcorde au ſein des empires & juſques dans l'intérieur des familles, & d'armer perpétuellement l'un contre l'autre l'orgueil & la jalouſie aux dépens de la liberté.

L'organiſation naturelle de l'homme, les poſitions où la fortune le place en naiſſant, ne ſont pas plus ſon ouvrage que ſa naiſſance même : ce n'eſt qu'à meſure qu'il avance en age que ſa volonté, cédant ou réſiſtant aux impulſions primitives de la nature, parvient à les modifier, ſoit en bien, ſoit en mal, & leur donne la moralité qu'elles n'avoient pas dans l'origine. Le F.·. TRINCANO avoit reçu de la nature une conſtitution robuſte, une figure heureuſe, un organe ſonore; ſon caractère le portoit à la timidité, ſes goûts au ſilence, à la réflexion. Il fut doué d'un jugement ſein, & d'une intelligence étendue, d'une ame ſenſible & conſtante : la netteté de ſes idées lui donna la facilité de les exprimer en peu de mots qu'il aſſaiſonnoit du ſel de l'épigramme. Son enfance fut dirigée par des parens tendres, honnêtes, éclairés, à portée de tous les moyens d'inſtruction & de fortune, près de la cour, près de cette capitale célèbre où ſe réuniſſent les connoiſſances & les erreurs, les tréſors & les beſoins, l'induſtrie utile ou funeſte des différens peuples de la terre, avec les extrémités oppoſées des vertus & des vices, de la misère & des grandeurs.

Avant d'examiner l'uſage que le F.·. TRINCANO fit des moyens qu'il avoit reçus de la nature & du hasard, il convient d'observer qu'il étoit fils unique, circonstance regardée comme un bonheur par celui qui ne voit que les biens de la fortune, mais que l'expérience nous apprend à considérer sous un point de vue bien différent. Celui qui, sous la protection des loix, acquiert le droit de devenir père, contracte envers la patrie l'obligation de ne lui donner que de dignes citoyens : mais cette obligation toujours si difficile à remplir, l'est sur-tout pour celui qui réunit sur un seul enfant son amour & ses espérances : aveugle pour l'objet de ses affections, toujours plus occupé de la nécessité de le conserver que du soin de l'instruire, comment démêleroit-il en ce jeune cœur les principes cachés, les premiers germes du vice ? Hélas ! la sévérité nécessaire lui manque au besoin pour en arrêter les progrès les plus choquans. L'enfant, témoin de la foiblesse de ceux qui le gouvernent, en devient bientôt le maître : entouré d'esclaves dévoués

voués à ſes caprices inſenſés, & jugeant du monde entier par ce qui l'environne, il ne peut ſe faire que de fauſſes idées de ſes rapports avec le reſte des humains: de là les erreurs, les excès, la honte, la ruine entière d'une multitude d'infortunés, que le vulgaire félicitoit de n'avoir point eu de concurrens à la tendreſſe paternelle.

Les parens du F.·. Trincano furent ſes premiers maîtres: mais ſi leur extrême ſenſibilité les diſpoſoit à chérir leur fils juſqu'à l'idolâtrie, leurs lumières les mirent au-deſſus des foibleſſes capables d'étouffer les diſpoſitions heureuſes qu'il annonça dès l'âge le plus tendre. C'eſt ſans doute une poſition cruelle pour des parens affectueux & ſenſibles, que de ſe voir forcés à contrarier les deſirs de l'être foible auquel ils ont donné la vie; de ſe rendre les inſtrumens & les témoins continuels de ſes peines, de l'aſſujettir à des maux réels, dont le dédommagement eſt incertain, & de ſacrifier ſon bonheur actuel aux eſpérances d'un avenir qui peut-être n'exiſtera pas pour lui. Mais les penchans de la nature ſont-ils donc tellement dépravés qu'il ſoit toujours néceſſaire de les combattre, & que le bonheur de l'enfant ſoit incompatible avec l'éducation qui lui convient? Non, MM., & les vices de cet âge intéreſſant ſont moins l'ouvrage de la nature, que celui de notre négligence & de nos erreurs. L'inſtituteur zélé n'a point à combattre les vices de ſon éléve, lorſqu'il a ſû les empêcher de naître; il n'aura point à redreſſer les écarts de ſa raiſon & de ſes mœurs, s'il ſait les ſouſtraire de bonne heure à l'empire des préjugés & de l'exemple. Les jeux innocens de l'enfance peuvent en être les premières inſtructions, & des exercices plus ou moins ſuſceptibles de force & d'adreſſe, devenir l'aliment utile de ſon infatigable activité. De la ſage combinaiſon des objets préſentés à ſa vue, naîtront ſans effort avec l'habitude de comparer, de réfléchir, le desir & le goût des connoissances qu'elle doit acquérir : de bonnes méthodes auront encore l'avantage de former le jugement, & d'applanir les difficultés de l'étude que l'art du maître saura semer de fleurs.

Elevé d'après ces principes, le F.·. TRINCANO n'eut pas d'amis plus chers, de confidens plus intimes que ces vertueux parens, & jamais il ne se rappella sans attendrissement les jours heureux de son enfance. La nature l'avoit doué presque en naissant de ce qu'elle accorde à peine à quelques hommes dans leurs plus belles années : la solidité de son jugement, son goût pour la réflexion l'éloignant des amusemens frivoles & le portant de bonne heure à la recherche des objets utiles, récompensèrent, par des succès prématurés, les soins de la tendresse paternelle. Peu semblables à ces prodiges apparens, effets d'une constitution foible qui se développe subitement & s'affaisse au premier effort, ses progrès furent le résultat d'une excellente organiſation qui parut toujours ſe fortifier à meſure qu'elle ſe perfectionnoit. Il avoit à peine onze ans, lorſque le Profeſſeur dont il recevoit les leçons mit au jour une méthode nouvelle pour l'instruction de la jeuneſſe. Toute nouveauté ſuſcite des contradictions, quelquefois motivées par l'amour de la vérité, mais le plus ſouvent dictées par l'orgueil ou l'envie. Celle-ci fut vivement attaquée par un concurrent qui ne manqua pas d'y reprendre bien des défauts, & qui dans le fons n'y trouvoit peut-être que celui de ne lui point appartenir. Le diſciple s'éleva avec vigueur pour la défenſe de ſon maître, & la beauté de ſon apologie devint une preuve non ſuſpecte en faveur de l'instruction dont elle étoit le fruit. Ce monument de la reconnoiſſance mérita les honneurs de l'impreſſion, & le F.·. TRINCANO fut auteur dans un âge où l'on connoît à peine l'exiſtence de la littérature.

Après un tel ſuccès, dont il feroit difficile de citer un autre exemple, un enfant pouvoit devenir un monſtre de ſuffiſance & d'orgueil : il pouvoit, après avoir fait triompher les maîtres, ſe croire au-deſſus des leçons, & ſe couvrir de tous les ridicules attachés à la vaine préſomption. Mais tandis que ſes approbateurs étonnés ne ſe laſſoient pas d'applaudir à ſon premier eſſai, le jeune homme enviſageoit avec modeſtie le vaſte champ qui lui reſtoit à parcourir ; il ſe préparoit en ſilence à de nouveaux efforts. Il joignit à l'étude des langues & des ſources antiques de la bonne littérature, celle d'une ſcience qu'on peut regarder comme la clef de toutes les autres, de cette ſcience dont les abſtractions rebutent tant d'eſprits vulgaires, mais dont la ſublimité, la certitude & la fécondité ſont le charme du génie naiſſant. Dès l'âge de quatorze ans il fut jugé capable d'en donner lui-même des leçons ; il eut la ſatisfaction de partager les travaux de ſon reſpectable père, chargé d'inſtruire dans les Mathématiques une partie de la jeune Nobleſſe de la Maiſon du Roi.

C'eſt dans ce temps même qu'il s'appliquoit à combiner ces nouveaux Syſtêmes de Fortification qu'on a placés à côté de ceux que ſon père a donnés au Public. Nourri dans l'étude des Coëhorn & des Vauban, le jeune élève de la Sageſſe oſa tenter d'ajouter aux inventions de ces célèbres Maîtres : ainſi l'ame la plus douce & la plus ſenſible ne craignit pas de faire ſervir au malheur de l'homme ces ſciences & ces arts qui ne lui ſemblent donnés que pour atteſter ſa grandeur & multiplier ſes jouiſſances. Pleurons ſur nos vices, ô MM. ! pleurons ſur ces paſſions inſenſées & féroces qui nous ont fait un beſoin de l'art de détruire nos ſemblables : ils ont enchaîné l'élite des nations aux ſanglans drapeaux de Mars ; ils ont fait de ſon cruel enthouſiaſme la première des vertus, & de ſes jeux terribles, la fonction la plus glorieuse du citoyen ; ils ont rendu le génie lui-même complice des fureurs de la guerre, en l'occupant du soin de perfectionner, de multiplier ces moyens funestes, non moins utiles pour opérer que pour repousser l'injustice.

Celui qui, dès l'âge de seize ans, avoit pu se perfectionner dans l'art d'Euclide, & fournir de nouvelles ressources à l'Ingénieur, voulut bientôt pénétrer avec Newton, dans la théorie transcendante des Infinis, & parvint à se rendre familières ces découvertes sublimes, qui semblent avoir élevé l'homme à la sphère des Intelligences célestes. Je puis rendre moi-même témoignage de la rapidité de ses progrès : ami du père, j'ai presque vu naître le fils ; charmé de tant de dispositions heureuses, je pris plaisir à les cultiver par les leçons de l'amitié.... mais écartons ces douloureux souvenirs, pour considérer notre F.·. à l'une des époques les plus importantes de la vie humaine : c'est celle où le jeune Citoyen portant ſes premiers regards ſur la ſociété, compare entr'eux les divers emplois qu'elle offre aux talens, à l'ambition, à la cupidité, pour choiſir l'état dans lequel il s'oblige à faire ſervir à l'avantage public les ſoins qu'il donne à ſa fortune particulière.

Le F.·. TRINCANO pouvoit ſe prometre des ſuccès diſtingués dans les emplois les plus difficiles : il pouvoit choiſir en quelque ſorte au haſard, ſans crainte de s'impoſer une tâche ſupérieure à ſes forces. Des convenances accidentelles l'engagèrent à préférer la partie de l'Adminiſtration ; il obtint une place au Bureau de l'Artillerie. C'eſt aux compagnons & témoins de ſes travaux, c'eſt à vous particuliérement, cher & reſpectable Chef (*), qui fûtes ſon protecteur & l'ami de ſon père, c'eſt à vous qu'il appartient de rendre un compte fidèle de ſa conduite, & de l'u-

(*) M. de Champbouin, ancien Chef du Bureau de Artillerie, étoit préſent à l'Aſſemblée.

ſage qu'il a fait ſous vos yeux des lumières par leſquelles il mérita de travailler ſous votre direction. Temps heureux & trop court! Un nouvel ordre de choſes changea ſes intérêts & ſes vues. Il quitta ſa place au bout de trois ans : les vœux réunis de ſes camarades, les témoignages honorables qu'il reçut de la ſatisfaction du Prince, n'eurent pas le pouvoir de l'y retenir. Je m'abſtiendrai de prononcer entre les mécontentemens de mon ami & les cauſes qui les motivèrent : mais ſi le F.·. TRINCANO commit une faute en abandonnant cette place qu'il pouvoit encore remplir avec avantage pour lui-même & pour la ſociété, cette faute fut bien réparée par le nouvel emploi qu'il fit de ſes talens.

SECONDE PARTIE.

DE toutes les fonctions ſociales, l'une des plus honorables, la plus digne peut-être de fixer les vœux & l'ambition de celui dont les Muſes cultivèrent l'enfance, & que la nature a doué de l'heureux don de perſuader, c'eſt l'emploi de l'homme qui ſe rend, auprès de Thémis, le défenſeur des droits de ſes concitoyens; de qui les travaux & les talens ſont dévoués au règne de la juſtice; dont le courage devient l'appui de la timide foibleſſe, contre la brigue oppreſſive & puiſſante, & qui, pourſuivant ſans relâche l'iniquité dans les dédales tortueux de la chicane, fait la dépouiller de ſon maſque hypocrite, & faire retomber ſur ſa tête les foudres dont elle menaçoit l'innocence.

Tel fut le nouvel objet vers lequel ſe dirigèrent les vues de l'ami que nous regrettons. Il ſe livre tout entier à l'étude du droit & des loix, & bientôt ſe trouve en état de figurer dans les tribunaux de la Capitale, avec ce qu'elle offre de plus recommandable dans cette brillante & labourieuſe carrière. Sa réputation s'accrut chaque jour avec ſes ſuccès : ſes plaidoyers, fondés ſur des moyens ſolides, ſoutenus par une mâle éloquence, prononcés par un organe enchanteur, entraînoient les ſuffrages de ſes juges & le triomphe de ſes cliens. Mais ce qui l'honore encore plus que ſes talens, c'eſt ſa noble délicateſſe, c'eſt le généreux déſintéreſſement avec lequel il les exerça. Jamais il ne vendit ſa plume au plaideur inique : jamais il ne chercha les richeſſes ou la gloire aux dépens de la vérité : jamais il ne conſentit à ſoutenir la diſcuſſion la plus juſte, qu'après avoir épuiſé les moyens de la terminer par la conciliation. Il ne s'informa point du ſalaire quand il put protéger le foible & l'opprimé : ſa récompenſe la plus douce, la plus chère à ſon cœur, étoit le plaiſir d'aſſiſter de ſes bienfaits l'honnête indigent que ſa voix venoit de défendre. Heureux, ſi ces exemples ſouvent renouvellés pouvoient écarter du temple des Loix les clameurs injuſtes & les paſſions ſordides qui les élèvent ! heureux, ſi l'aſcendant de la vertu pouvoit en bannir, avec la diſcorde, cette multitude d'hommes empreſſés à provoquer ſes fureurs, pour s'enrichir de ſes dépouilles!

Le ſage ne peut voir le mal ſans en chercher les cauſes & le remède : quand il voit la loi, qui doit être le bouclier de l'innocence, ſe changer en glaive empoiſonné dans les mains du méchant, il ſe demande pourquoi des loix? que doivent être les loix? En effet, ce n'eſt qu'après avoir comparé nos inſtitutions actuelles avec les principes communs de toute bonne légiſlation, qu'il ſe trouve en état de ramener à leur véritable eſprit l'homme juſte qui s'en écarte par ignorance, & le méchant qui veut tirer du texte de la loi des inductions favorables à l'iniquité. Le F.·. TRINCANO conduit à ces réflexions par la recherche des devoirs de ſon état, ſentit combien il importoit de préparer, par de bonnes inſtructions, la jeuneſſe qui ſe deſtine au miniſtère de Thémis. Son zèle croiſſant avec ſes lumières, lui fit concevoir le projet de les accréditer & les répandre par lui-même, en s'agrégeant au Corps chargé, dans la Capitale, de l'enſeignement de la juriſprudence & des loix.

Il fut confirmé dans ce deſſein par les perſuaſions du Profeſſeur dont il avoit reçu les premières leçons de Droit. Cet homme reſpectable, juſte appréciateur de l'ame de ſon diſciple, deſiroit ardemment de l'acquérir à ſa Compagnie; il avoit pris pour lui l'attachement d'un père; il avoit communiqué ſes ſentimens à ſa vertueuſe compagne. Ces époux infortunés, privés des fruits de leur hyménée, avoient réuni, ſur cet enfant d'adoption, la tendreſſe & les ſoins de la nature; ils parurent reprendre une nouvelle vie dans ces ſublimes & touchantes affections auxquelles la cruauté du ſort ſembloit avoir fermé pour jamais leurs cœurs.

Cette douce intimité fut encore reſſerrée par les liens de la fraternité Maçonnique, & le F.·. TRINCANO comptoit au nombre des bienfaits de ſon digne

Maître son initiation dans cet Ordre, dont la charité fait la base, qui paroît n'embrasser toutes les parties de l'Univers que pour former une seule famille du genre humain, & qui joignant aux douceurs de l'amitié, la culture de l'esprit, l'émulation des talens, la politesse des mœurs & l'exercice de la bienfaisance, a réuni, pour le bonheur de ses enfans, tous les biens qui peuvent donner un prix à la vie. Enfin, des liens plus puissans & plus chers, s'il est possible, devoient unir votre Frère à la famille de ses bienfaiteurs. Les graces ornoient à l'envie l'aimable objet que lui réservoit l'Hymen; déjà la beauté, la raison, l'amour même avoient devancé les premiers instincts de la jeunesse, & Plutus remplissant son urne féconde, se disposoit à verser sur ce couple charmant, ses trésors & les plaisirs qui les accompagnent.

Les places de la Faculté de Droit se nomment au Concours : forme d'élection qui restreint les préférences au mérite feul, & qui par cette raifon devroit être admife fans exception pour tous les emplois de la fociété. Je vous étonnerai peu, MM., en vous apprenant que le F.·. TRINCANO remporta la palme la première fois qu'il fe préfenta au Concours, & qu'à l'époque funefte de fa mort, il étoit à la veille de s'affeoir à côté de fes Juges. Mais ce qui pourra vous furprendre, c'eft qu'outre le travail forcé qu'exigeoient de lui ces différens examens, fa qualité d'Agrégé l'obligeoit encore à vaquer à l'inftruction de fes élèves, & fon titre d'Avocat à la conduite des affaires de fes cliens : c'eft que, dans ce temps même, il fut fe délaffer de ces travaux férieux dans le commerce des Mufes, & mériter l'entrée de trois Sociétés favantes : c'eft que, dans ce temps même, il enrichit la Maçonnerie de plufieurs pièces d'éloquence, de difcuffions juridiques fur des intérêts de Loges, de recherches profondes fur fon hiftoire : c'eft que, dans ce temps même, il fut ſe livrer aux plaiſirs délicats, à ſa famille, à ſes amis, à la ſociété, ſans que jamais les occupations multipliées de l'eſprit aient pu diſtraire ſon cœur des jouiſſances délicieuſes du ſentiment.

Que n'avoit-on pas droit d'attendre, MM., d'une carrière ainſi commencée? En moins de ſix luſtres, le F.·. Trincano avoit rempli pluſieurs places différentes, qui paroiſſent incompatibles par la diverſité des lumières qu'elles exigent : dans toutes, il avoit devancé ſes concurrens; dans toutes, il avoit fait admirer ſes talens & chérir ſa perſonne : il avoit ſu réunir les charmes de l'étude à l'exercice des fonctions publiques; des compagnies ſavantes l'avoient reçu dans leur ſein, des Ouvrages eſtimables faiſoient eſpérer de voir un jour ſon nom inſcrit dans les faſtes de la gloire : la politique, la morale, l'hiſtoire, la légiſlation, la critique, les ſciences, les belles-lettres, avoient été tour-à-tour les objets de ſes recherches : une multitude d'eſſais qu'il a laissés dans tous les genres, caractérisent à-la-fois son génie & la beauté de son ame, quoique moins attrayans peut-être par l'harmonie & les graces du style, que par la justesse & la profondeur des idées.

L'ami que nous avons perdu ne fut pas moins recommandable par la bonté de son cœur que par les richesses de son esprit. Il ne détourna point sa vue des miseres humaines : ses oreilles ne se fermèrent point aux cris plaintifs de la douleur. Heureux dès l'enfance, favorisé par la fortune en toutes ses entreprises, il fut compatissant & tendre, sans avoir éprouvé les maux ni les besoins. Le seul récit d'une action généreuse faisoit couler ses larmes ; il frémissoit à la vue de l'odieux égoïste. Son cœur, formé pour le véritable amour, abhorroit l'infame débauche, & sa délicatesse parut tenir de la pudeur du sexe dont elle est le plus bel ornement. L'élévation de son ame, & peut-être sa timidité naturelle, l'éloignoit des palais des grands ; il répugnoit à ces tributs d'hommages exigés par l'orgueil & que la ſervitude a décoré du nom de bienſéances : officieux, exact dans la ſociété, fidèle & tendre pour ſes amis, il put s'honorer d'eux comme ils s'honorèrent de lui. Enfans des Muſes & de l'Amitié ! Delaulnaye, Lefevre, Goulliart, & toi, digne élève du Dieu d'Épidaure, (*) toi, le bienfaiteur & la victime de l'humanité, toi, dont l'art ne put garantir tes propres jours de la contagion dont tu venois de ſauver une province entiere : ſouffrez que vos noms gravés ſur la tombe de votre ami ſoient le témoignage éclattant des attachemens de ſon cœur, & des tendres ſentimens dont il fut l'objet & le lien.

Un des plus terribles fléaux de l'humanité, cette maladie dont le germe naît avec nous & ſe forme avec notre ſang, avoit reſpecté l'enfance du F.·. Trincano : ſes premiers ſymptômes ſe montrèrent aux plus beaux jours de ſon

(*) M. le Docteur Girod.

printemps, à l'époque même que les deſtins paroiſſoient avoir fixée pour recueillir les dignes fruits de ſes travaux & des ſoins paternels, pour couronner l'œuvre de ſon bonheur & l'édifice de ſa fortune. L'Art méconnut-il ces ſymptômes, ſes opérations furent-elles contrariées, ou le zèle ſe trompa-t-il dans le choix des remèdes? Hélas! un inſtant peut-être eût ſauvé la vie de notre Frère: cet inſtant décisif ſe paſſe, & tout eſt perdu. Bientôt le poiſon dévorant, ſupérieur à tous les ſecours, étonne & déconcerte les ſpéculations par la rapidité de ſes ravages, & l'infortuné jeune homme, accablé du poids de ſes maux, prévoit le ſort qui l'attend. Quel dût être, ô MM., ſon ſaiſiſſement, en voyant ſi près de lui ce terme fatal qu'il n'avoit juſqu'alors conſidéré que dans un éloignement immenſe! Ses affaires, ſes projets, ſes attachemens, reviennent en foule agiter ſes penſées, & ſe mêler au délire d'une fièvre brûlante. Que de douleurs, que de liens à rompre, que de combats à livrer! son courage l'emporte, ses yeux se fixent avec fermeté sur la faulx terrible qui va le frapper; son ame, exempte de remords & fortifiée par les consolations du juste, obéit sans murmure à la voix du Dieu qui l'appelle.

Notre Frère va périr, il le sait, il voudroit se livrer sans réserve à l'idée, à-la-fois consolante & terrible, de l'Éternité qui l'attend : mais il va laisser sur la terre une famille & des amis; il ressent d'avance tous les maux dont sa mort va les accabler. Il veut les préparer au sacrifice qu'il a fait en son cœur; il recueille le reste de ses forces, pour ranimer autour de lui l'espérance qu'il n'a plus lui-même.... Je ne puis achever.... je n'ai pas le barbare courage de fixer vos regards sur ses derniers momens : dois-je moi-même, hélas! me féliciter ou me plaindre du hasard qui l'écarta de mes yeux; aurois-je pu soutenir la vue de cette scène cruelle, des supplices, des angoiſſes, de l'agonie d'un ami ſi tendre & ſi cher; des larmes d'une tante reſpectable qui lui tenoit lieu d'une ſeconde mère; du déſeſpoir d'un pere, privé ſucceſſivement de deux freres & d'une épouſe, qui ſe ſent encore arracher le cœur & les entrailles, & voit s'anéantir ſans reſſource les dernières gouttes de ſon ſang; qui voit expirer dans ſes bras ſon fils unique, ſon nom, ſa gloire, ſa poſtérité, l'objet des plus tendres ſoins & des plus brillantes eſpérances? Ah! les dernières paroles de mon ami retentiſſent encore dans mon cœur: « Pardonne, ô mon Dieu! ſi je balance » entre mon père & toi.... Ma tante, » prenez ſoin de mon père.... Mes » amis, ſoyez ſes enfans.... » Ton attente ne ſera pas trompée: oui, je ſerai ſon fils, j'en aurai toujours la tendreſſe & la vénération; puiſſent les ſoins conſtans de l'amitié conſoler ſes dernières années, & calmer la douleur d'une plaie que le temps ne pourra jamais fermer.

L'inſtant où j'embraſſai mon jeune ami pour la dernière fois ſera toujours préſent à ma penſée. C'étoit dans la belle ſaiſon de l'automne : les loiſirs que lui laiſſoient ſes devoirs, l'avoient ramené dans le ſein d'un tendre père ; ſes amis partageoient avec ſa famille. les douceurs de cette réunion. Une courte abſence devoit m'éloigner de lui, mais je ne ſongeois qu'au moment qui devoit m'en rapprocher. Les doux rivages de la Seine nous attendoient, l'or & le rubis commençoient à ſe mêler à la verdure des bois, la riante campagne d'Achère s'étoit couverte des tréſors de Pomone & de Bacchus ; déjà les chalumeaux champêtres s'eſſayoient à célébrer les fêtes de l'amitié, & Flore expirante ſembloit ſe féliciter de pouvoir encore la parer de ſes derniers dons. O ſurpriſe! ô douleur! ces jours, qui devoient être ſi délicieux, ne nous offrirent que l'image de la mort. Je vois à mon tour le deuil, les gémiſſemens & les pleurs remplir cette maiſon, que ſix jours auparavant j'avois laiſſée dans le bonheur & la joie. Les amis conſternés ſe ſont éloignés, ils ont arraché le plus malheureux des pères à l'appareil lugubre, à l'horrible vue de ſon fils au cercueil. Le ſon des cloches funèbres fut le concert qui frappa mes oreilles, la pompe mortuaire de mon ami fut l'affreuſe fête que me préparoient les deſtinées. Cher & précieux enfant! c'eſt en vain que nos cris t'appellent encore; l'aſtre du jour ne luira plus pour toi. C'en eſt fait : jeuneſſe, talens, naiſſance, vertus, gloire, fortune, plaiſirs, tout a diſparu, la terre a tout englouti. Je ne te verrai plus, mais je veux t'aimer juſqu'au dernier ſoupir : tu vivras dans mon cœur, tu vivras dans les cœurs de tes amis & de tes frères; ton nom vivra dans l'eſtime publique : que dis-je? ah! loin de nous le déſolant ſyſtême de l'impie : non, la ſouveraine puiſſance, la ſouveraine juſtice n'a point voulu confondre à jamais l'innocence & le crime, elle ne les a point appellés au même partage : notre Frère vit encore, n'en doutons pas, il eſt heureux, il jouit des prix immortels de la vertu. Un ſentiment inconnu fait palpiter mon cœur, & renouvelle ces douces émotions qui m'annonçoient la préſence de mon ami : c'eſt lui-même, je le ſens : ſes mânes inviſibles reſpirent au milieu de nous ; il nous voit, il nous entend, il s'attrendit de nos regrets, il jouit des larmes que nous donnons à ſa mémoire. Ombre chérie ! demeure avec nous, n'abandonne jamais ce temple ; que ta ſageſſe le gouverne, que tes talens l'éclairent, que tes vertus l'élèvent & le ſoutiennent. Puſſions-nous tous, à ton exemple, honorer l'humanité, pratiquer la juſtice & la bienfaiſance, apprendre à mourir avec courage ; & duſſions-nous, comme toi, finir dans le cours de nos plus belles années, nous aurons aſſez vécu ſi, comme toi, nous avons ſu les employer pour la gloire, pour la ſageſſe & le bonheur !

FIN.

www.ingramcontent.com/pod-product-compliance
Ingram Content Group UK Ltd.
Pitfield, Milton Keynes, MK11 3LW, UK
UKHW021958260726
13994UKWH00004B/1834